I0793872

Todos a bordo

Los trenes de alta velocidad

por Jenna Lee Gleisner

Bullfrog
en español

Ideas para padres y maestros

Bullfrog Books permite a los niños practicar la lectura de textos informativos desde el nivel principiante. Las repeticiones, palabras conocidas y descripciones en las imágenes ayudan a los lectores principiantes.

Antes de leer

- Hablen acerca de las fotografías. ¿Qué representan para ellos?
- Consulten juntos el glosario de las fotografías. Lean las palabras y hablen de ellas.

Durante la lectura

- Hojeen el libro y observen las fotografías. Deje que el niño haga preguntas. Muestre las descripciones en las imágenes.
- Léale el libro al niño o deje que él o ella lo lea independientemente.

Después de leer

- Anime al niño para que piense más. Pregúntele: Muchos trenes de alta velocidad corren alrededor del mundo. ¿Te gustaría viajar en uno?

Bullfrog Books are published by Jump!
5357 Penn Avenue South
Minneapolis, MN 55419
www.jumplibrary.com

Copyright © 2020 Jump! International copyright reserved in all countries. No part of this book may be reproduced in any form without written permission from the publisher.

Library of Congress Cataloging-in-Publication Data

Names: Gleisner, Jenna Lee, author.
Title: Los trenes de alta velocidad
por Jenna Lee Gleisner.
Other titles: High-speed trains. Spanish
Description: Minneapolis, MN : Jump!, Inc., [2020]
Series: Todos a bordo | Includes index.
Audience: Ages 5–8 | Audience: Grades K–1
Identifiers: LCCN 2019027988 (print)
LCCN 2019027989 (ebook)
ISBN 9781645272502 (hardcover)
ISBN 9781645272519 (ebook)
Subjects: LCSH: High speed trains—Juvenile literature.
Classification: LCC TF148 .G5618 2020 (print)
LCC TF148 (ebook) | DDC 385—dc23

Editor: Jenna Trnka
Designer: Molly Ballanger
Translator: Annette Granat

Photo Credits: Sailorr/Shutterstock, cover; TungCheung/Shutterstock, 1; pedrosala/Shutterstock, 3; aapsky/Shutterstock, 4; Blanscape/Shutterstock, 5; Xinhua/Alamy, 6–7, 15, 23tr; Juan Camilo Bernal/Shutterstock, 8–9; cyo bo/Shutterstock, 10–11; robertharding/SuperStock, 12–13, 23bl; VCG/Getty, 14, 23br; kmn-network/iStock, 16–17; Enzojz/Shutterstock, 18; best pixels/Shutterstock, 19; real444/iStock, 20–21; revers/Shutterstock, 23tl; Diego Hernan/Shutterstock, 24.

Printed in the United States of America at Corporate Graphics in North Mankato, Minnesota.

Tabla de contenido

Trenes rápidos

¡Zoom!

Este es un tren de alta velocidad.

¡Estos trenes corren rápido!

¡Qué fantástico!

Llevan pasajeros.

SMT

Este tren está en China.

Es el tren más rápido del mundo.

Viaja a 267 millas (430 kilómetros) por hora.

¡Guau!

SMT

Es un tren maglev.

No tiene ruedas.

Usa imanes.

¡Flota!

Este tren también está en China.

Tiene ruedas.

Corre en vías.

¡Sigue siendo muy rápido!

¿Dónde puedes viajar en uno?

Este está en Alemania.

Este está en Francia.

Viaja a Italia.
¡Llega en solamente siete horas!
¡Qué belleza!

¡Estos trenes nos llevan a lugares rápido!

¿Quieres viajar en uno?

Cómo flota un tren maglev

Un imán tiene un polo norte y un polo sur. Los polos opuestos se atraen. Los polos iguales se rechazan. Así es como flota un tren maglev.

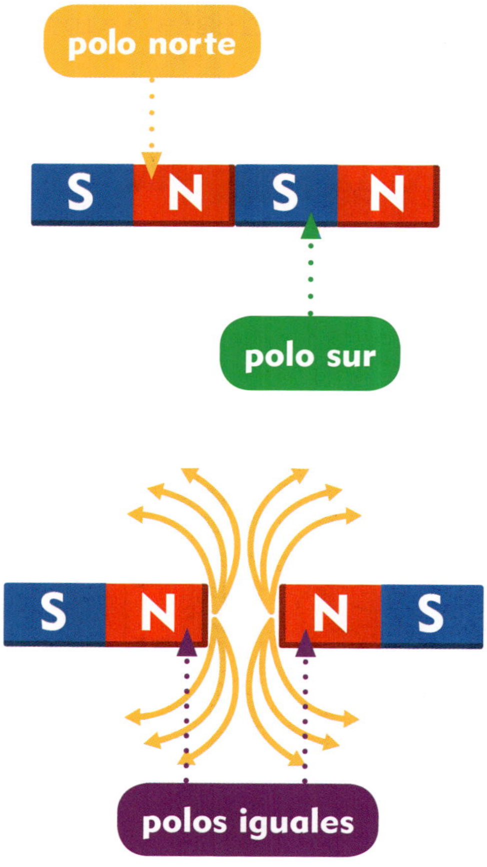

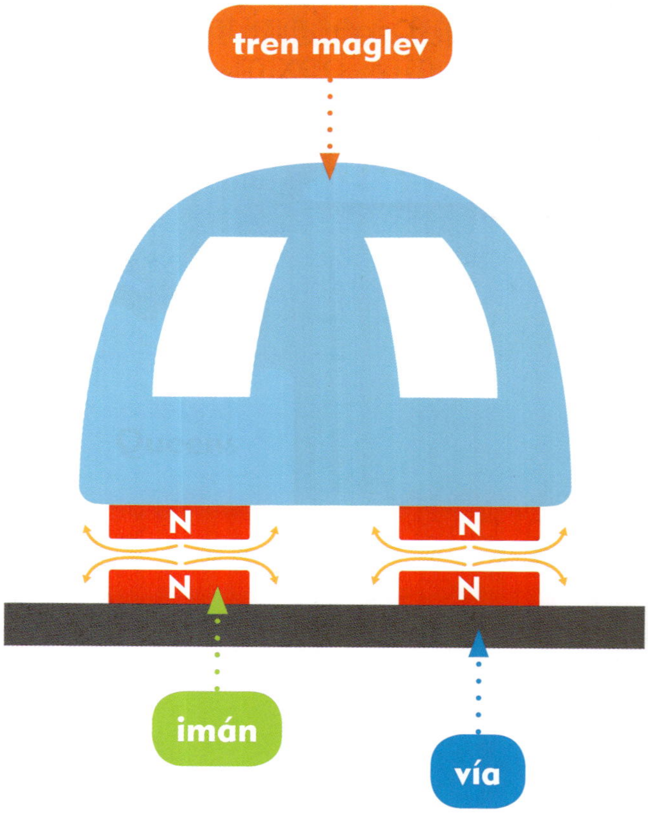

Glosario de las fotografías

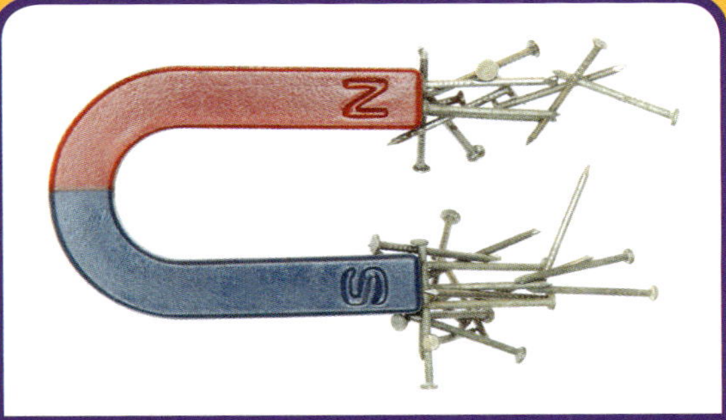

imanes
Pedazos de metal que atraen el hierro o el acero, con dos extremos, o polos: norte y sur.

pasajeros
Gente, además del conductor, que viaja en un medio de transporte.

tren maglev
Un nombre corto para los trenes de levitación magnética. Un tren flotante sostenido por imanes.

vías
Rieles o conjuntos de rieles por donde medios de transporte, como los trenes, pueden correr.

Índice

Para aprender más

Aprender más es tan fácil como 1, 2, 3.

1. Visite www.factsurfer.com
2. Escriba "lostrenesdealtavelocidad" en la caja de búsqueda.
3. Haga clic en el botón "Surf" para obtener una lista de sitios web.